FÜR MEIN Bruder HERZ

GROH

Hey Bruderherz,

ich wollte dir einfach mal sagen,
was für ein toller Bruder du bist!
Auch wenn wir uns nicht
immer verstehen – wenn du nicht wärst,
würde mir echt was fehlen.

ICH BIN FROH,
DASS ES DICH GIBT!

ICH
WAR'S
NICHT …

ER
WAR'S!

Du warst mein erster Verbündeter
und mein erster Konkurrent.
Jetzt konkurrieren wir nur noch dann,
wenn es um das letzte Stück
von **Mamas Kuchen** *geht.*

ICH

lächle,

weil du

mein

Bruder bist ...

UND ICH *lache,*

weil du nichts dagegen tun kannst!

DU BIST
EINFACH

STARK

Du hilfst mir auch,
wenn du eigentlich keine Lust dazu hast.
Dann fluchst du zwar ordentlich,
aber ich weiß:

Du magst mich trotzdem.

Ich brauch kein Wikipedia –
ich hab ja
dich!

Du bist
manchmal echt ein
Klugsch ...,
äh, erstaunlich
umfassend
informierter Typ.

ICH BIN DRAN.

Stimmt ja gar nicht.

STIMMT JA WOHL!

GESCHWISTERLIEBE:

Wir reden miteinander,
wir lachen miteinander,
ab und zu schreien wir uns an –
und dann vertragen wir uns wieder.

So einfach ist das.

WENN ICH

hinfalle,

HILFST DU
MIR BEIM
AUFSTEHEN

...

…

sobald du mit

DEM LACHEN

fertig bist.

DU BIST WITZIG,

INTELLIGENT,

SYMPATHISCH,

GUTAUSSEHEND,

KREATIV …

Das liegt halt in der Familie.

BEI dir BLEIBEN MEINE

Geheimnisse geheim ...

… obwohl du mich manchmal mit
ihnen aufziehst.
ZUM GLÜCK *kenn ich auch*
ein paar **VON DIR …**

Du

KANNST GANZ
SCHÖN

NERVIG
SEIN!

UND *ich* ERST.

Mit so einem guten Vorbild wie dir ist das ja wohl klar, oder?

ICH BIN
VERRÜCKT?

Okay.

Aber du bist noch viel

VE
RRÜ
CK
TER!

WIR SIND EIN

tolles

Team.

Außer wir haben was ausgefressen
und sehen eine gute Möglichkeit,
es dem anderen in die Schuhe zu schieben.
Das nennt sich
geschwisterlicher Opportunismus.

Eine Welt ohne dich
kann ich mir
nicht vorstellen.

Also, wenn dir irgendwas wehtut, dann geh gefälligst zum Arzt. Keine Ausreden.

SOFORT!

DEINE

Meinung

IST MIR

WICHTIG.

... na ja ...

... also, deine Meinung
ist mir wichtig,
außer wenn sie gerade
wirklich nicht zu
meiner Meinung passt.

ICH KANN DICH IMMER UM

Rat

FRAGEN.

Aber wenn gerade ein Spiel läuft,
warte ich ab, stoße mit dir an
beziehungsweise trinke ein Frustbier mit,
lass mir von dir die spielentscheidenden
Momente erklären und …

was wollte ich eigentlich
noch mal von dir?

IN MANCHEN
DINGEN SIND WIR
FAST SCHON

erschreckend

ähnlich …

... IN ANDEREN ABSOLUT

grundverschieden.

UND DAS IST AUCH GUT SO.

ICH
BIN
ECHT
COOL

... UND DU BIST SOGAR NOCH EIN BISSCHEN

cooler.

Was meinst du mit:

„Was willst du von mir?“

Das war ein ehrliches Kompliment!

Und, äh, ich hätte da übrigens ...

KANN ICH WAS
VON DEINEN
SÜßIGKEITEN HABEN
?

NIEMALS!

⇨ Manche Dinge ändern sich nie. ⇦

Aber wenn's um schlaue Tipps oder
witzige Sprüche geht,
teilen wir unsere Vorräte gerne.

Von dir bekomme ich eine
EHRLICHE EINSCHÄTZUNG …

… *außer du merkst, dass ich sie gerade* ***wirklich nicht*** *gebrauchen kann.*

DU MACHST DICH ZWAR GERN

über mich lustig

… aber wenn es jemand anderes versucht,
haust du ihm eine in die **FRE…** *äh,*
überzeugst du ihn mit viel
rhetorischer Feinfühligkeit
davon, dass er sich besser **VERPI…** *äh,*
dass er sein **MAU…** *äh,*
also … du weißt schon.

Freunde kommen und gehen …

…

aber ein

Bruder

bleibt fürs Leben.

Du bist ein toller Typ
und egal, was passiert:

ICH HAB
DICH
EINFACH
GERN.

DENN DU BIST
MEIN

Bruder
HERZ!

FSC
www.fsc.org
MIX
Papier aus verantwortungsvollen Quellen
FSC® C011862

Die nachhaltige Waldbewirtschaftung und die verantwortungsvolle Gewinnung des Rohstoffs Papier ist uns ein Anliegen. Daher werden alle Buch- und Kalender-Neuheiten auf FSC®-zertifiziertem Papier gedruckt.

GEBORGENHEIT 1000 DANK

LIEBE ZUNEIGUNG KLEINE FREUDEN

Einen kleinen Gruß MUT SCHENKEN

Familie bedeutet Geborgenheit. Familie bedeutet Menschen, die für uns da sind und auf die wir uns verlassen können. Uns verbinden Erinnerungen, die wir teilen, und Emotionen, die uns bewegen. Das macht das Schenken viel leichter – aber auch schwerer. Geschenke können schließlich vieles sagen. Damit Sie sich auf die Geste des Schenkens konzentrieren können, übernehmen wir bei GROH die Botschaft. Denn als Familienunternehmen wissen wir, worauf es ankommt.

Ihr Joachim Groh

Dieses Buch entstand in enger Zusammenarbeit mit meiner Kollegin Stefanie Pfennig.
Vielen Dank an alle Beteiligten, auch an meine Familie für die Inspiration!

Barbara Hiller

Idee und Konzept:

Bildnachweis:
Fond „Naturkarton" Cover und Innenseiten: Microstockfish/fotolia.

Gestaltungskonzept und Satz:
ki36 Editorial Design, Franziska Misselwitz und Ileana Soana

ISBN 978-3-8485-1406-9

177011-4355-06